Manuale utente di

Apple Watch Series 10

Una guida completa per l'impostazione, la
personalizzazione e lo sblocco di funzionalità
nascoste per l'uso quotidiano

Albert F. Johnson

DISCONOSCIMENTO

Questa guida è una pubblicazione indipendente e non è affiliata, autorizzata, sponsorizzata o sostenuta da Apple Inc. "Apple", "Apple Watch" e i termini correlati sono marchi di Apple Inc.

Le informazioni fornite sono solo a scopo didattico e informativo. Sebbene sia stato fatto ogni sforzo per garantire l'accuratezza, l'autore e l'editore non forniscono alcuna garanzia, esplicita o implicita, e non sono responsabili per eventuali danni derivanti dall'uso di questa guida.

Le funzioni per la salute descritte, tra cui la frequenza cardiaca, l'ossigeno nel sangue e il monitoraggio del sonno, sono destinate esclusivamente al benessere generale e non sostituiscono la consulenza o la diagnosi medica professionale.

Tutti i marchi e i nomi dei prodotti sono di proprietà dei rispettivi proprietari.

INDICE

Introduzione

Finalmente hai tra le mani l'Apple Watch Series 10, il più sottile, intelligente e potente indossabile che Apple abbia mai realizzato.

Con il suo nuovo design elegante, le funzionalità per la salute all'avanguardia e la connettività più intelligente, è facile provare un mix di eccitazione e incertezza. Da dove cominciare? Come puoi assicurarti di ottenere il massimo da questo incredibile dispositivo senza sentirti sopraffatto? Questo è esattamente il motivo per cui esiste questa guida: per trasformare la tua eccitazione in completa sicurezza.

Questo non è solo un altro manuale di istruzioni. È il tuo compagno personale per padroneggiare l'Apple Watch Series 10, passo dopo passo. Che tu stia disimballando il tuo primo smartwatch o aggiornando da un modello precedente, questa guida è progettata per guidarti attraverso ogni funzionalità in modo chiaro, semplice e senza il gergo tecnico.

Scoprirai come configurare il tuo orologio in pochi minuti, personalizzarlo per adattarlo al tuo stile di vita, sfruttare tutta la potenza del monitoraggio della salute e del fitness, rimanere connesso senza problemi in movimento e risolvere problemi comuni con facilità. Al termine, non solo userai il tuo Apple Watch, ma lo possiederai come un professionista.

Indipendentemente dal tuo livello di esperienza, che tu sia un principiante, un utente occasionale o un appassionato di tecnologia, questo libro è fatto per te. Puoi muoverti al tuo ritmo, immergerti più a fondo in ciò che ti interessa di più e tornare ad esso ogni volta che hai bisogno di una risposta rapida o di un nuovo consiglio. Questa guida è stata creata pensando a domande reali di utenti reali, assicurandoti che ogni capitolo ti aiuti a risolvere i problemi, sbloccare le funzionalità e goderti il tuo orologio al massimo delle sue potenzialità.

Quindi, preparati. Stai per provare tutto ciò per cui è stato creato il tuo Apple Watch Series 10 e molto altro ancora. **Cominciamo.**

Capitolo 1

Introduzione ad Apple Watch Series 10

Cosa c'è di nuovo nella serie 10?

L'Apple Watch Series 10 segna un audace passo avanti nell'evoluzione degli smartwatch. Più sottile, più leggero e con il display più grande mai visto su un Apple Watch, ridefinisce la tecnologia indossabile. Oltre alla sua elegante riprogettazione, la Serie 10 introduce nuove potenti funzionalità come il rilevamento dell'apnea notturna, metriche di fitness avanzate come Training Load e un nuovo gesto di doppio tocco che rende la navigazione dell'orologio più facile che mai, anche quando le mani sono occupate.

Sotto il cofano, il nuovo chip S10 offre prestazioni più veloci con una migliore efficienza energetica, garantendo esperienze di app più fluide e una maggiore durata della batteria. In combinazione con uno straordinario display OLED grandangolare e nuovi materiali della cassa, incluso il ritorno delle opzioni in titanio premium, la Serie 10 non è solo un aggiornamento; È un salto.

Che tu sia qui per gli approfondimenti sulla salute, il monitoraggio del fitness o semplicemente un modo più intelligente per rimanere connesso, la Serie 10 offre più che mai, il tutto racchiuso in un design più elegante e confortevole.

Caratteristiche principali a colpo d'occhio

- **Display più sottile e più grande:** un profilo notevolmente più sottile con uno schermo più grande del 30% rispetto ai modelli precedenti, che rende tutto più facile da leggere e con cui interagire.

- **Processore S10:** un chip potente ed efficiente che aumenta la velocità, la reattività e la durata della batteria.

- **Rilevamento dell'apnea notturna:** sensori avanzati che monitorano i modelli di respirazione durante il sonno per avvisarti di potenziali problemi di salute.

- **Monitoraggio del carico di allenamento:**
  informazioni dettagliate sull'intensità dell'allenamento e sul recupero, aiutandoti ad allenarti in modo più intelligente ed evitare sforzi eccessivi.

- **Gesto del doppio tocco:**
  un nuovo modo per controllare l'orologio: rispondi alle chiamate, scorri i widget o avvia attività con un semplice tocco delle dita.

- **Materiali durevoli e di alta qualità:**
  opzioni di cassa in alluminio e titanio, con una varietà di finiture per adattarsi al tuo stile.

- **Ricarica rapida:**
  raggiunge fino all'80% della batteria in

circa 30 minuti, mantenendoti pronto a muoverti quando ne hai più bisogno.

- **Resistenza all'acqua:**
  sicuro per il nuoto e le attività acquatiche, con monitoraggio della profondità e della temperatura per ulteriori avventure.

A chi è rivolto questo orologio?

L'Apple Watch Series 10 è progettato per chiunque voglia di più dal proprio polso che leggere l'ora.

- **Gli utenti di smartwatch alle prime armi** apprezzeranno la sua facile configurazione, la navigazione intuitiva e la perfetta integrazione con il loro iPhone.

- **Gli appassionati di fitness** troveranno un compagno fidato nel monitoraggio dell'allenamento, nelle metriche del carico di allenamento e nel monitoraggio della salute in tempo reale.

- **Gli utenti attenti alla salute** possono fare affidamento sugli avvisi sulla frequenza cardiaca, sul rilevamento dell'apnea notturna e sulle funzioni SOS di emergenza per una maggiore tranquillità.

- **I professionisti impegnati e i multitasking** apprezzeranno il modo in cui l'orologio tiene a portata di mano chiamate, messaggi e promemoria, anche quando il telefono è fuori portata.

- **Gli aggiornamenti dei modelli più vecchi** noteranno un salto significativo in termini di comfort, velocità e ricchezza di funzionalità, rendendolo un degno sostituto per i proprietari della Serie 7, Serie 8 e persino della Serie 9.

In breve, se stai cercando una connessione più intelligente, elegante e potente con la tua vita quotidiana, al lavoro, in palestra o in viaggio, l'Apple Watch Series 10 è stato creato per te.

Capitolo 2

Introduttiva

Requisiti di compatibilità

Prima di iniziare a configurare Apple Watch Series 10, assicurati che i dispositivi siano pronti per funzionare insieme.

Il tuo iPhone deve soddisfare i seguenti requisiti:

- iPhone 12 o versioni successive

- Esecuzione di iOS 18 o versioni successive

Perché è importante?

La Serie 10 fa molto affidamento sul tuo iPhone per la configurazione, la sincronizzazione dei dati e gli aggiornamenti. Senza la versione corretta di iOS, alcune funzionalità, come il rilevamento dell'apnea notturna o il nuovo gesto del doppio tocco, potrebbero non funzionare correttamente.

Come controllare la versione iOS del tuo iPhone:

1. Apri l' app **Impostazioni**.

2. Tocca **Generali → Informazioni**.

3. Guarda la "versione iOS".

Se hai bisogno di un aggiornamento:

- Collega il tuo iPhone al Wi-Fi e a un caricabatterie.

- Vai su **Impostazioni → Generali → Aggiornamento software** e segui le istruzioni.

Suggerimento importante:

esegui il backup del tuo iPhone prima di qualsiasi aggiornamento importante. Puoi farlo tramite iCloud o Finder (Mac) per evitare qualsiasi perdita di dati.

Unboxing dell'Apple Watch Series 10

L'apertura della confezione del tuo nuovo Apple Watch è un momento che vale la pena assaporare.

All'interno della confezione troverai:

- L'Apple Watch Series 10 (il quadrante dell'orologio stesso)

- Un cinturino sportivo abbinato o il cinturino selezionato

- Cavo magnetico da caricabatterie rapido a USB-C

- Documentazione di base (guida rapida e informazioni sulla garanzia)

Primi passi durante l'unboxing:

- Rimuovere con cautela tutti i rivestimenti protettivi.

- Fissare il cinturino facendolo scorrere nelle scanalature dell'orologio finché non si sente un clic morbido.

- Regola il cinturino in modo che si adatti perfettamente, ma non troppo strettamente, al polso.

Suggerimenti per la band:

- Puoi cambiare facilmente i cinturini senza attrezzi.

- Assicurati che i sensori posteriori tocchino correttamente la pelle per un monitoraggio accurato della frequenza cardiaca e della salute.

Nota sull'imballaggio:

se hai ordinato un cinturino o una custodia in più, potrebbero arrivare in una scatola separata: questo è normale per i prodotti Apple.

Ricarica dell'orologio per la prima volta

L'Apple Watch è parzialmente carico, ma è meglio ricaricarlo completamente prima della configurazione.

Per caricare l'orologio:

1. Collega l'estremità USB-C del cavo di ricarica a un adattatore di alimentazione o a una porta USB alimentata.

2. Posiziona il lato magnetico del caricabatterie contro il retro dell'Apple Watch.

3. Lo sentirai scattare in posizione e vedrai un'icona a forma di fulmine verde sullo schermo.

Suggerimenti chiave per la ricarica:

- **Usa un adattatore certificato Apple** per ottenere i migliori risultati. (20 W consigliati per la ricarica rapida.)

- **Il posizionamento è importante:** assicurarsi che nulla blocchi il collegamento magnetico.

Stime del tempo di ricarica:

- Dallo 0% all'80% in circa 30 minuti

- Carica completa (100%) in circa 60-75 minuti

Suggerimento per la calibrazione della batteria:

consentire il completamento della prima carica completa senza interruzioni. Aiuta il tuo dispositivo a segnalare in modo più accurato le stime future della batteria.

Configurazione e associazione con il tuo iPhone

Ora arriva la parte più emozionante: dare vita al tuo Apple Watch!

Come accoppiare l'orologio:

1. Accendi l'Apple Watch tenendo premuto il pulsante laterale finché non viene visualizzato il logo Apple.

2. Avvicina l'iPhone all'orologio. Una schermata di associazione dovrebbe apparire automaticamente sul tuo iPhone.

3. Tocca **Continua** o apri l'**app Apple Watch** e tocca **Avvia associazione** manualmente.

4. Centra il quadrante dell'orologio nel mirino dell'iPhone quando richiesto.

5. Scegli l'opzione di configurazione:

   - **Configura come nuovo orologio** (consigliato per i nuovi utenti)

   - **Ripristina da backup** (consigliato per gli utenti che aggiornano)

6. Segui le istruzioni sullo schermo per personalizzare le impostazioni:

- Preferenza del polso (sinistro o destro)

- Abilita Siri

- Impostare un codice di accesso

- Configura Apple Pay, se lo desideri

- Abilita il monitoraggio dell'attività e le funzioni di salute

Consigli utili:

- Tieni l'iPhone e l'Apple Watch uno accanto all'altro durante l'intero processo di configurazione.

- Se l'associazione non riesce inizialmente, riavvia entrambi i dispositivi e riprova.

- Alcune opzioni di configurazione, come l'attivazione cellulare, possono essere ignorate e configurate in un secondo momento.

Trasferimento da un Apple Watch meno recente

Sei già un utente Apple Watch? Buone notizie: Apple rende la migrazione semplice e fluida.

Prima di iniziare, procedi come segue:

- Assicurati che sia stato eseguito il backup del tuo vecchio orologio sul tuo iPhone (avviene automaticamente durante l'uso regolare).

Quando configuri la serie 10:

- Scegli **Ripristina da backup** invece di configurarlo come nuovo.

- Selezionare il backup più recente durante l'installazione.

- Attendi il trasferimento delle app, dei quadranti, delle impostazioni e dei dati.

Note speciali per i potenziatori:

- Se il tuo vecchio orologio aveva un piano cellulare, ti verrà chiesto di trasferire o configurare lo stesso piano sul tuo nuovo orologio.

- I dati relativi a salute e fitness verranno migrati automaticamente se la sincronizzazione di Salute è abilitata su iPhone.

Suggerimento di backup:

per garantire un nuovo backup, disaccoppia manualmente il vecchio orologio prima di configurare quello nuovo. Questo attiva l'iPhone per creare immediatamente un nuovo backup aggiornato.

Scelta tra modelli GPS e Cellular

Se non hai ancora finalizzato la tua decisione, ecco uno sguardo più da vicino:

Caratteristica	Modello GPS	GPS + Modello cellulare
Chiamate e SMS	Tramite connessione iPhone	Indipendente tramite piano operatore
Accesso a Internet	Tramite iPhone Wi-Fi o Bluetooth	Indipendente utilizzando i dati cellulari

Caratteristica	Modello GPS	GPS + Modello cellulare
Prezzo	Abbassare	Superiore (orologio + piano mensile)
Ideale per	Utenti che portano sempre con sé il proprio iPhone	Corridori, ciclisti, viaggiatori, persone che vogliono la libertà dal proprio telefono

Considerazioni chiave:

- Il modello cellulare aggiunge una vera indipendenza: puoi lasciare il telefono a casa e continuare a effettuare chiamate, utilizzare Mappe, ascoltare musica in streaming o inviare SMS.

- Tuttavia, per l'uso della rete cellulare autonoma si applica una tariffa mensile dell'operatore (in genere 10-15 dollari al mese).

- Se lasci raramente il telefono a casa, è probabile che il modello solo GPS sia sufficiente.

Suggerimento per la configurazione dell'operatore:

se scegli un modello cellulare, verifica prima con il tuo operatore di telefonia mobile per confermare la compatibilità e i passaggi di attivazione.

Capitolo 3

Navigazione nell'Apple Watch

Informazioni sulla schermata iniziale e sulla griglia delle app

La schermata Home è l'hub centrale del tuo Apple Watch, dove risiedono tutte le tue app.

Quando premi la **Digital Crown**, verrai indirizzato alla schermata Home, che mostra le tue app in uno dei due stili seguenti:

- **Visualizzazione griglia**: le app sono disposte in uno schema a nido d'ape (impostazione predefinita).

- **Visualizzazione elenco**: le app vengono visualizzate in un elenco alfabetico facile da scorrere.

Come cambiare visualizzazione:

1. Premi la **Digital Crown** per andare alla schermata principale.

2. Premere con decisione (premere a lungo) in un punto qualsiasi della schermata principale finché non vengono visualizzate le opzioni.

3. Tocca **Visualizzazione elenco** o **Visualizzazione griglia** in base alle tue preferenze.

Suggerimenti per la navigazione nella schermata principale:

- Nella **vista Griglia**, trascina il dito per spostarti tra le app. Tocca un'app per aprirla.

- Nella **vista elenco**, scorri la Digital Crown verso l'alto o verso il basso per

sfogliare l'elenco, quindi tocca per
aprire.

- Se ti perdi, premi semplicemente la
  corona digitale una volta per tornare
  al quadrante.

Suggerimento professionale:
Organizza le tue app con l' **app Watch** sul
tuo iPhone.Vai all **'app Watch → Layout app**
e trascina le app dove desideri per un
accesso più rapido.

Utilizzo della corona digitale e del pulsante laterale

L'Apple Watch ha due controlli fisici
principali:

- **La corona digitale** (il quadrante
  rotondo sul lato)

- **Il pulsante laterale** (situato appena sotto la corona)

Comprendere le loro funzioni:

Bottone	Azioni principali
Corona digitale	- Premi una volta per tornare al quadrante o aprire la schermata Home.- Ruota per scorrere, ingrandire o regolare.- Tieni premuto per attivare Siri.
Pulsante laterale	- Premi una volta per aprire il Dock (app recenti).- Tieni premuto per accedere a SOS di emergenza e alle opzioni di alimentazione.- Fai doppio clic per accedere rapidamente ad Apple Pay.

Come usarli insieme:

- **Screenshot:** premi rapidamente la Digital Crown e il pulsante laterale per acquisire uno screenshot (abilita in Impostazioni → Generali → Screenshot).

- **Riavvio forzato:** tieni premuti entrambi i pulsanti per circa 10 secondi se l'orologio smette di rispondere.

Suggerimento:

sentiti a tuo agio a girare la Digital Crown con la punta del dito durante gli allenamenti: ti consente di regolare il volume o scorrere senza toccare lo schermo.

Padroneggiare i gesti: scorrimenti, tocchi e gesti di doppio tocco

Il tuo Apple Watch non è solo una questione di pulsanti, ma è progettato per gesti intuitivi.

Gesti di base che devi conoscere:

- **Toccare:**

  Tocca leggermente lo schermo per selezionare o aprire gli elementi.

- **Scorrimento:**

  scorri verso l'alto, verso il basso, verso sinistra o verso destra per navigare.

  - Scorri verso il basso dall'alto per visualizzare le notifiche.

  - Scorri verso l'alto dal basso per accedere al Centro di Controllo.

- Scorri verso sinistra o destra sul quadrante per cambiare rapidamente quadrante.

- **Tieni premuto (tocco aptico):** tieni premuto lo schermo per personalizzare i quadranti o rivelare le opzioni nascoste all'interno delle app.

Il nuovo gesto del doppio tocco (esclusiva della serie 10): una delle caratteristiche più interessanti dell'Apple Watch Series 10 è il **gesto del doppio tocco**, che consente il controllo a mani libere utilizzando solo le dita.

Come funziona:

- Basta **toccare l'indice e il pollice insieme due volte.**

- L'orologio rileva il movimento e attiva un'azione predefinita in base all'app che stai utilizzando.

Cosa puoi fare con il doppio tocco:

- Rispondere o terminare le chiamate

- Riprodurre o mettere in pausa la musica

- Scorrere i widget di Smart Stack

- Avviare un allenamento o interrompere un timer

- Posticipare le sveglie

Come personalizzare il doppio tocco:

1. Apri l' app **Impostazioni** sul tuo Apple Watch.

2. Tocca **i gesti** → **tocca due volte**.

3. Scegli le tue azioni preferite in cui è disponibile la personalizzazione.

Suggerimento utile: all'inizio esercitati con il doppio tocco lentamente e deliberatamente. L'orologio è molto sensibile, ma potrebbe essere necessaria una leggera curva di apprendimento per un riconoscimento perfetto.

Personalizzazione del Centro di controllo

Il Centro di controllo è il pannello di scelta rapida per l'accesso rapido alle impostazioni.

Come accedere:

- Scorri verso l'alto dalla parte inferiore del quadrante per aprire Centro di Controllo.

- (Scorri verso il basso se sei già all'interno di un'app.)

Controlli comuni che troverai:

- Percentuale della batteria e modalità di risparmio energetico

- Connessione Wi-Fi

- Modalità aereo

- Modalità silenziosa

- Torcia elettrica

- Non disturbare (modalità di messa a fuoco)

- Ping iPhone (per localizzare il telefono)

Personalizzazione del tuo Centro di controllo:

1. Apri il Centro di controllo.

2. Scorri fino in fondo e tocca **Modifica**.

3. Trascina le icone per riorganizzarle in base a ciò che usi più spesso.

4. Tocca **Fine** al termine.

Perché personalizzarlo?

- Se utilizzi spesso determinate impostazioni (come l'attivazione rapida della modalità silenziosa durante le riunioni o l'attivazione del blocco dell'acqua in piscina), spostarle in alto ti fa risparmiare tempo prezioso.

Suggerimento professionale:

La funzione Ping iPhone è un vero toccasana quando perdi il tuo iPhone nelle vicinanze. Toccalo una volta per fare in modo che il telefono emetta un suono, anche se è in modalità silenziosa.

Capitolo 4

Personalizzazione dell'orologio

Modifica e personalizzazione dei quadranti dell'orologio

Il quadrante dell'Apple Watch non serve solo a leggere l'ora, ma è la tua dashboard per informazioni rapide e uno stile personale.

Come cambiare il quadrante dell'orologio:

1. Tieni premuto un punto qualsiasi del quadrante corrente.

2. Scorri verso sinistra o destra per sfogliare i quadranti disponibili.

3. Tocca **Nuovo (+)** per aggiungere un nuovo volto dalla galleria.

4. Scorri le opzioni e tocca quella che desideri.

Personalizzazione di un quadrante dell'orologio:

- Dopo aver selezionato un quadrante, tocca **Modifica.**

- Vedrai diverse aree di personalizzazione:

    ○ **Stile/Colore**: Regola l'aspetto generale.

    ○ **Complicazioni**: aggiungi widget utili come Meteo, Calendario o Anelli attività.

Suggerimento utile:

molti volti hanno temi diversi: prova Modulare, Infograph o Ritratti in base alle tue esigenze. Puoi anche creare più versioni di un viso (ad esempio: una per il lavoro, una per gli allenamenti).

Aggiunta, spostamento e rimozione di app

Puoi installare le app direttamente sul tuo Apple Watch, dandoti accesso immediato ad allenamenti, musica, promemoria e altro ancora.

Aggiunta di app:

- Sul tuo **iPhone**:

    1. Apri l' app **Watch**.

    2. Tocca la **scheda App Store**.

    3. Sfoglia o cerca le app, quindi tocca **Scarica** o **Scarica**.

- Direttamente sul tuo **Apple Watch**:

    1. Apri l' app **App Store**.

2. Sfoglia, tocca e scarica le app proprio come sul tuo iPhone.

App in movimento:

- Premi la Digital Crown per aprire la schermata Home.

- Se si utilizza **la visualizzazione griglia**:

  o Tieni premuta l'icona di qualsiasi app finché non iniziano a oscillare.

  o Trascina un'app in un nuovo punto.

  o Premere nuovamente la Digital Crown per salvare il layout.

Rimozione di app:

- Tieni premuta un'app finché non si muove.

- Tocca la piccola **X** che appare sull'icona dell'app.

- Confermare l'eliminazione se richiesto.

Nota:

L'eliminazione di un'app dall'orologio di solito non la rimuove dal tuo iPhone.

Suggerimento professionale:

mantieni solo le app più utilizzate sull'orologio per liberare spazio e semplificare la navigazione.

Impostazione delle complicazioni per un accesso rapido

Le complicazioni sono mini-widget che visualizzano informazioni o scorciatoie rapide direttamente sul quadrante dell'orologio, come la durata della batteria, il prossimo appuntamento, il meteo o i pulsanti di inizio allenamento.

Come aggiungere o modificare le complicazioni:

1. Tieni premuto il quadrante → tocca **Modifica**.

2. Scorri verso sinistra fino a raggiungere la **schermata Complicazioni.**

3. Tocca un'area delle complicazioni e scegli ciò che desideri visualizzare.

Tipi di complicazioni utili:

- Calendario (prossime riunioni)

- Scorciatoia per l'allenamento

- Tempo

- Cardiofrequenzimetro

- Anelli di attività

- Controlli musicali

Suggerimento utile:

alcuni quadranti consentono più complicazioni di altri.

Infograph Modular e **Wayfinder** (sui modelli Cellular) offrono molti slot per le complicazioni se ami gli strumenti di accesso rapido.

Regolazione delle impostazioni: display, suoni e feedback aptico

Rendi il tuo Apple Watch davvero tuo regolando le impostazioni di base per garantire comfort e funzionalità.

Impostazioni di visualizzazione:

- **Luminosità:**

- Apri **Impostazioni** → **Display e luminosità** → Regola il cursore della luminosità.

- **Always-On Display** (i modelli della Serie 10 lo supportano):

  - Attiva o disattiva l'opzione Always-On Display per risparmiare la batteria, se necessario.

- **Dimensione del testo e testo in grassetto:**

  - Regolare per facilitare la lettura in **Impostazioni** → **Display e luminosità** → **Dimensione testo.**

Suoni e Haptics:

- **Controllo del volume:**

- Impostazioni → **Suoni e feedback aptico** → Regola il cursore del volume degli avvisi.

- **Avvisi tattili:**

  - Attiva l'opzione **Feedback aptico prominente** per un feedback con vibrazione più forte (utile se perdi spesso le notifiche).

Suggerimento utile:

se non vuoi disturbare gli altri (ad esempio, durante le riunioni), attiva rapidamente **la modalità silenziosa** scorrendo verso l'alto per Centro di controllo e toccando l'icona a forma di campana.

Configurazione di Apple Pay sull'orologio

Apple Pay sull'orologio ti consente di toccare e pagare nei negozi, nei distributori automatici e sui mezzi pubblici senza toccare il telefono o il portafoglio.

Per configurare Apple Pay:

1. Apri l' **app Watch** sul tuo iPhone.

2. Tocca **Wallet e Apple Pay**.

3. Tocca **Aggiungi carta**.

4. Segui le istruzioni per aggiungere una carta di debito o di credito (potrebbe essere necessario verificarla con la tua banca).

Utilizzo di Apple Pay:

- Premi due volte il **tasto laterale sull'** Apple Watch.

- Apparirà la tua carta predefinita.

- Tieni il quadrante vicino al terminale di pagamento.

- Un leggero tocco e un segnale acustico confermano il pagamento.

Suggerimento utile:

puoi aggiungere più carte e passare rapidamente da una all'altra durante il checkout scorrendo sullo schermo prima di toccare.

Capitolo 5

Rimanere connessi

Effettuare e ricevere chiamate

Uno dei maggiori vantaggi dell'Apple Watch Series 10 è rimanere raggiungibile anche quando il tuo iPhone non è in mano.

Come effettuare una chiamata:

- Utilizzo dell'app Telefono:

    1. Premi la Digital Crown per aprire l'elenco delle app.

    2. Tocca l' app **Telefono**.

    3. Seleziona **Contatti**, **Tastiera** o **Recenti**.

    4. Tocca un contatto o componi un numero da chiamare.

- **Utilizzo di Siri:**

  1. Alza il polso e dì "Chiama [nome contatto]".

- **Utilizzo dei preferiti:**

  1. Aggiungi i contatti ai Preferiti (tramite l'app Telefono sul tuo iPhone) per un accesso più rapido.

Come ricevere una chiamata:

- Quando arriva una chiamata, l'Apple Watch vibra e visualizza le informazioni sul chiamante.

- **Risposta:** Tocca l'icona del telefono verde.

- **Rifiuta:** tocca l'icona rossa del telefono.

Suggerimenti audio:

- **Vivavoce:** l'audio predefinito delle chiamate viene emesso tramite l'altoparlante integrato dell'orologio.

- **Auricolari Bluetooth:** se abbinati ad AirPods o altre cuffie Bluetooth, l'audio della chiamata viene indirizzato automaticamente lì.

- **Chiamate chiare:** grazie ai microfoni aggiornati e alla soppressione del rumore della Serie 10, la chiarezza delle chiamate è notevolmente migliore, anche all'aperto.

Invio di messaggi ed e-mail

Puoi facilmente inviare risposte rapide, dettare messaggi o utilizzare risposte pre-scritte.

Invio di messaggi:

- Utilizzo dell'app Messaggi:

  1. Apri l' app **Messaggi**.

  2. Tocca una conversazione esistente o tocca **Nuovo messaggio**.

  3. Scegli un contatto, quindi detta il messaggio, usa Scrivi a mano o scegli una risposta preimpostata.

- Utilizzo di Siri:

  1. Alza il polso e dì: "Invia un messaggio a [Nome contatto]: [Il tuo messaggio]".

Rispondere ai messaggi:

- Tocca un messaggio ricevuto.

- Scegli come vuoi rispondere:

- Dettatura (pronuncia il tuo messaggio)

- Scarabocchio (Disegna lettere)

- Emoji

- Risposte rapide predefinite (come "OK", "Grazie!")

Invio di e-mail:

- Apri l' app **Mail** per controllare le email.

- Tocca **Scrivi** per dettare o rispondere alle email.

- La digitazione delle e-mail è semplificata; La dettatura funziona meglio per le risposte più lunghe.

Suggerimento professionale:

Puoi personalizzare le risposte rapide

nell'app Watch in **Messaggi → Risposte predefinite** per risposte più personalizzate.

Utilizzo di Siri su Apple Watch

Siri è più intelligente e integrato che mai su Apple Watch Series 10, permettendoti di avere le mani libere.

Modi per attivare Siri:

- **Alza per parlare:** alza semplicemente il polso e inizia a parlare, non c'è bisogno di "Ehi Siri".

- **Digital Crown:** tieni premuta la Digital Crown finché non viene visualizzato Siri.

- **Comando vocale:** di' "Ehi Siri" (se abilitato).

Cosa puoi chiedere a Siri:

- Inviare messaggi ed effettuare chiamate

- Imposta timer, sveglie e promemoria

- Chiedi aggiornamenti meteo

- Controlla i dispositivi per la casa intelligente

- Avviare allenamenti o musica

- Effettuare ricerche sul Web (solo query semplici)

Suggerimento utile:

Se Siri non risponde immediatamente, controlla che "Alza per parlare" e "Ehi Siri" siano entrambi abilitati in **Impostazioni** → **Siri** sull'orologio.

Fatto dalla ricerca:

Molti utenti trovano Raise-to-Speak sulla

Serie 10 più reattivo rispetto ai modelli precedenti, grazie al processore S10 aggiornato.

Gestione efficace delle notifiche

Le notifiche al polso possono essere incredibilmente comode o travolgenti se non gestite.

Visualizzazione delle notifiche:

- Scorri verso **il basso** dalla parte superiore del quadrante per visualizzare le notifiche perse.

Personalizzazione delle notifiche:

- Apri l' **app Watch** sul tuo iPhone.

- Tocca **Notifiche**.

- Scegli il modo in cui vuoi che ogni app ti invii una notifica:

o Rispecchia gli avvisi dell'iPhone

o Personalizza separatamente per l'orologio

o Disattiva completamente le notifiche per app specifiche

Best practice per le notifiche:

- Consenti solo le notifiche da app importanti come Messaggi, Calendario e Allenamenti.

- Disattiva le notifiche per le app a bassa priorità (giochi, aggiornamenti non essenziali) per evitare ronzii costanti.

- Usa **le modalità di messa a fuoco** per controllare le notifiche durante gli allenamenti, l'orario di lavoro o il sonno.

Suggerimento utile:

Sull'orologio stesso, puoi disattivare rapidamente le notifiche per un'app scorrendo verso sinistra su una notifica e toccando **Opzioni → Disattiva**.

Fatto dalla ricerca:

gli utenti del mondo reale adorano il fatto che l'aptica della Serie 10 renda le notifiche sottili ma facili da notare: non perdono più avvisi importanti anche senza suono.

Utilizzo della connettività cellulare senza iPhone

Se possiedi il modello **GPS + Cellular**, puoi rimanere connesso anche senza il tuo iPhone nelle vicinanze, perfetto per corridori, ciclisti o persone che vogliono rimanere leggere.

Come funziona la connettività cellulare:

- L'Apple Watch utilizza la radio LTE integrata per connettersi direttamente alla rete dell'operatore.

- Puoi chiamare, inviare messaggi di testo, riprodurre musica in streaming, controllare le mappe e utilizzare app che necessitano di dati in modo indipendente.

Configurazione del cellulare:

- Durante la configurazione dell'orologio, ti verrà chiesto se desideri aggiungere un piano.

- Se l'opzione viene saltata, è possibile passare successivamente a:

- o L'app iPhone Watch → la **configurazione del cellulare** → Configura cellulare.

- Segui le istruzioni del tuo operatore (potrebbero comportare costi mensili aggiuntivi).

Controllo della connessione:

- Sul quadrante dell'orologio o nel Centro di Controllo, un'icona cellulare verde o bianca mostra la potenza della connessione.

  - o I **punti verdi** indicano che è collegato direttamente al vettore.

  - o I **punti bianchi** indicano che si è connessi tramite Wi-Fi o Bluetooth.

Attenzione alla batteria:

l'uso intensivo del cellulare (chiamate, streaming di musica, navigazione) può scaricare la batteria più velocemente rispetto all'utilizzo dell'orologio collegato all'iPhone.

Suggerimento utile:

quando sei al cellulare, usa app leggere (come Messaggi o semplici playlist musicali) per risparmiare la batteria se rimarrai fuori per molto tempo.

Fatto dalla ricerca:

molti utenti hanno segnalato che le prestazioni cellulari della Serie 10 sono più forti e più stabili rispetto ai modelli precedenti, il che la rende un vero sostituto per l'uso leggero dello smartphone quando si è in giro.

Capitolo 6

Monitoraggio della salute e del fitness

Configurazione e utilizzo degli anelli attività

L'Apple Watch Series 10 trasforma il fitness in un obiettivo quotidiano con i suoi tre anelli attività:

Anello	Significato
Sposta (rosso)	Tiene traccia delle calorie attive bruciate.
Esercizio (Verde)	Misura i minuti di attività vivace.

Anello	Significato
Stand (blu)	Tiene traccia della frequenza con cui stai in piedi e ti muovi ogni ora.

Impostazione dell'attività:

- Apri l' app **Attività** sull'Apple Watch.

- Segui le istruzioni per impostare l'obiettivo di movimento (calorie), l'obiettivo di allenamento (minuti) e l'obiettivo di stare in piedi (ore).

- È possibile regolare gli obiettivi in qualsiasi momento premendo con decisione la schermata Anelli attività e toccando **Cambia obiettivo di movimento, Cambia obiettivo di allenamento** o **Cambia obiettivo in piedi.**

Come usarlo quotidianamente:

- Controlla i tuoi anelli aprendo l'app Attività.

- Ricevi promemoria delicati durante il giorno per stare in piedi, muoverti e fare esercizio.

Suggerimento per la motivazione:
guadagna premi per il raggiungimento dei tuoi obiettivi, il completamento di serie e il raggiungimento di record personali.
Molti utenti trovano sorprendentemente motivante chiudere tutti e tre gli anelli ogni giorno!

Monitoraggio degli allenamenti e delle sessioni di allenamento

Il tuo Apple Watch è un eccellente compagno di allenamento, con modalità specializzate per quasi tutti i tipi di esercizio.

Iniziare un allenamento:

- Apri l' app **Allenamento**.

- Scorri e tocca il tipo di allenamento (Camminata all'aperto, Ciclismo, Nuoto, Yoga, HIIT, ecc.).

- Tocca per iniziare.

- Se lo desideri, regola le metriche dell'obiettivo (calorie, distanza, tempo).

Durante un allenamento:

- Alza il polso per visualizzare statistiche in tempo reale come frequenza cardiaca, calorie bruciate, ritmo e distanza.

- Metti in pausa o termina gli allenamenti con un tocco o una pressione contemporaneamente della corona digitale + del pulsante laterale.

Novità con la Serie 10:

- **Training Load:** tiene traccia dell'intensità dell'allenamento nel tempo per aiutarti a comprendere le esigenze di sforzo e recupero, ideale per atleti e utenti seri di fitness.

Suggerimento utile:

Hai dimenticato di iniziare un allenamento? L'Apple Watch è in grado di rilevare automaticamente alcune attività (come camminare, correre o nuotare) e suggerire di avviare una sessione a metà attività.

Informazioni sul monitoraggio della frequenza cardiaca

Il monitoraggio della frequenza cardiaca è al centro di molte funzioni per la salute di Apple Watch.

Come funziona:

- L'orologio utilizza un sensore cardiaco ottico (con LED verdi e luci a infrarossi) per rilevare il flusso sanguigno e misurare i battiti al minuto (BPM).

- Controlla periodicamente durante il giorno e fornisce grafici dettagliati nell'app Salute.

Visualizzazione della frequenza cardiaca:

- Apri l' app **Frequenza cardiaca.**

- Visualizza la frequenza cardiaca attuale, la frequenza cardiaca a riposo, la media della camminata e la frequenza cardiaca di allenamento.

Avvisi che puoi impostare:

- **Avviso di frequenza cardiaca elevata** (se il BPM è anormalmente alto quando è inattivo).

- **Avviso di frequenza cardiaca bassa** (se il BPM scende insolitamente basso).

- **Notifica del ritmo irregolare** (può suggerire segni di fibrillazione atriale).

Fatto dalla ricerca:

il monitoraggio della frequenza cardiaca della serie 10 è ancora più accurato durante gli allenamenti intensi, grazie al design migliorato del sensore e al migliore contatto con la pelle dal corpo dell'orologio più sottile.

Utilizzo delle misurazioni dell'ossigeno nel sangue

La serie 10 dispone anche di un sensore di ossigeno nel sangue, che fornisce informazioni sul tuo benessere generale.

Come usarlo:

- Apri l' **app Livelli O$_2$.**

- Rimanere fermi e distesi per circa 15 secondi durante la scansione.

- La percentuale di SpO$_2$ viene visualizzata sullo schermo (i livelli normali sono generalmente compresi tra il 95% e il 100%).

Misure di fondo:

- I livelli di ossigeno nel sangue vengono monitorati automaticamente periodicamente in background (soprattutto durante il sonno) se abilitati.

Suggerimento utile:

Indossare l'orologio in modo aderente e tenerlo pulito aiuta a garantire letture più accurate dell'ossigeno nel sangue.

Nota importante:

sebbene utili, le misurazioni dell'ossigeno nel sangue non sono uno strumento diagnostico medico. Forniscono informazioni generali sul benessere, ma non sostituiscono la consulenza medica professionale.

Monitoraggio del sonno e utilizzo degli avvisi per l'apnea notturna

Il monitoraggio del sonno sulla Serie 10 è diventato molto più intelligente e più incentrato sulla salute.

Come impostare il monitoraggio del sonno:

1. Apri l' app **Salute** sul tuo iPhone.

2. Tocca **Sonno** → **Configura sonno**.

3. Imposta l'obiettivo di sonno, l'ora di andare a dormire e l'ora di sveglia.

4. Abilita **la full immersion Sonno** notturno per ridurre al minimo le distrazioni.

Cosa misura il monitoraggio del sonno:

- Tempo trascorso a dormire

- Fasi del sonno (sonno profondo, REM, sonno centrale)

- Frequenza cardiaca durante il sonno

- Livelli di ossigeno nel sangue durante il sonno (se abilitato)

Rilevamento dell'apnea notturna (novità della serie 10):

- L'orologio monitora le interruzioni e i modelli di respirazione.

- Se vengono rilevati potenziali sintomi di apnea notturna, può consigliare di richiedere un'ulteriore valutazione.

Fatto dalla ricerca:

molti utenti segnalano che gli avvisi di apnea notturna sono sottili ma preziosi, fornendo avvisi tempestivi su possibili disturbi respiratori durante il sonno.

Impostazione dell'SOS di emergenza e del rilevamento delle cadute

Il tuo Apple Watch non è solo un fitness tracker, è un vero toccasana.

Configurazione SOS di emergenza:

- Tieni premuto il **pulsante laterale** finché non viene visualizzato il cursore SOS di emergenza.

- Scorri per chiamare i servizi di emergenza o continua a tenere premuto per chiamare automaticamente, se abilitato.

- Anche i contatti di emergenza verranno avvisati automaticamente.

Configurazione del rilevamento delle cadute:

- Apri l' app **Watch** sul tuo iPhone.

- Tocca **SOS emergenze.**

- Attiva il **rilevamento delle cadute** .

Come funziona il rilevamento delle cadute:

- Se l'orologio rileva una caduta violenta, tocca il polso, emette un allarme e visualizza un avviso.

- Se non rispondi dopo circa un minuto, chiama automaticamente i servizi di emergenza.

Suggerimento utile:

Il rilevamento delle cadute è
particolarmente utile per gli anziani, gli
atleti e chiunque lavori in ambienti rischiosi.

Fatto dalla ricerca:

La serie 10 ha persino migliorato gli

algoritmi di rilevamento delle cadute, rendendola più accurata nel distinguere tra cadute reali e inciampi minori rispetto ai modelli precedenti.

Capitolo 7

App e contenuti multimediali

Installazione di app dall'App Store

Apple Watch Series 10 non si limita alle app in dotazione: puoi espanderne le capacità scaricandole direttamente dall'App Store.

Come installare le app:

- Sul tuo orologio:

  1. Premi la Digital Crown per aprire la schermata Home.

  2. Trova e tocca l' **App Store**.

  3. Usa la scrittura a mano, la dettatura o la tastiera per cercare un'app.

4. Tocca **Ottieni** o il pulsante del prezzo per scaricare.

- **Sul tuo iPhone:**

  1. Apri l' app **Watch**.

  2. Tocca la **scheda App Store** o scorri verso il basso per vedere le app disponibili.

  3. Tocca **Installa** accanto alle app che desideri.

Consigli utili:

- Alcune app per iPhone dispongono automaticamente di app Watch complementari (ad esempio, Spotify, Nike Run Club, Audible).

- Puoi disattivare **l'installazione automatica dell'app** se preferisci controllare manualmente il contenuto dell'orologio (→ **dell'app Watch** → **Installazione automatica dell'app**).

Fatto da Ricerca:

Gli utenti della serie 10 apprezzano il fatto che l'interfaccia aggiornata dell'App Store sia più veloce e fluida di prima, rendendo più convenienti le installazioni dirette dall'orologio.

Ascolto di musica, podcast e audiolibri

Con Apple Watch puoi portare il tuo intrattenimento preferito ovunque, anche senza il telefono.

Ascolto di musica:

- **Stream:**

  Se disponi di Wi-Fi o cellulare, puoi

eseguire lo streaming diretto di Apple
Music o Spotify.

- **Scaricare:**

  1. Apri l' **app Watch** sul tuo iPhone.

  2. Tocca **Musica** → **Aggiungi musica**.

  3. Seleziona album, playlist o artisti da sincronizzare con l'orologio.

Ascolto dei podcast:

- L'app Podcast di Apple può riprodurre in streaming o scaricare episodi per l'ascolto offline.

- Spotify e Audible consentono anche la riproduzione di podcast tramite le loro app.

Ascolto di audiolibri:

- Sincronizza gli audiolibri dall'app Libri del tuo iPhone .

- Vai all'app Watch → **Audiolibri** → **Aggiungi audiolibri.**

Suggerimento utile:

Associa sempre le cuffie Bluetooth (come gli AirPods) per ascoltare in movimento.

Vai su **Impostazioni** → **Bluetooth** → **associa dispositivo** sull'orologio.

Dato da ricerca:

Il processore più veloce della serie 10 significa meno ritardi durante lo streaming o il download di contenuti multimediali: molti utenti hanno notato transizioni più fluide e buffering più veloci, soprattutto per le playlist offline.

Utilizzo di Mappe, Calendario e Promemoria

L'orologio può guidare la tua giornata tanto quanto l'iPhone, se non in modo più comodo.

Mappe su Apple Watch:

- Apri l' app **Mappe** per cercare o visualizzare le indicazioni stradali.

- Ottieni **la navigazione turn-by-turn** direttamente al polso, con tocchi tattili che segnalano le svolte imminenti.

- Ottimo per le indicazioni a piedi in città o per i percorsi in bicicletta.

Utilizzo di Calendar:

- Visualizza i tuoi prossimi eventi, inviti e programmi.

- Tocca un evento per ulteriori dettagli.

- Usa Siri per aggiungere rapidamente eventi: "Ehi Siri, pianifica una riunione per domani alle 10 del mattino".

Impostazione dei promemoria:

- Apri l' app **Promemoria**.

- Tocca **Nuovo promemoria**.

- Aggiungi un titolo, un'ora e un luogo, se necessario.

- Siri lo rende ancora più veloce: "Ricordami di chiamare la mamma alle 18".

Suggerimento utile:

l'utilizzo di promemoria basati sulla posizione (ad es. "Ricordami di fare la spesa quando esco dal lavoro") funziona perfettamente con il GPS dell'orologio

quando è associato all'iPhone o attivo
tramite cellulare.

Utilizzo di Camera Remote e altri strumenti integrati

Anche senza un grande schermo, l'Apple
Watch offre strumenti intelligenti che
utilizzerai ogni giorno.

Telecomando della fotocamera:

- Apri l' app **Camera Remote** sull'orologio.

- Si connette automaticamente alla fotocamera del tuo iPhone.

- Si può:

  - Guarda un'anteprima dal vivo

  - Tocca per mettere a fuoco

- o Regola impostazioni come timer o flash

- o Tocca il pulsante dell'otturatore sull'orologio per scattare una foto

- Perfetto per selfie di gruppo, scatti con treppiede o video stabili!

Altri strumenti integrati:

- **App meteo:** controlla le previsioni del tempo in tempo reale e le condizioni imminenti.

- **Timer, cronometro, sveglia:** avvia o personalizza rapidamente timer e sveglie direttamente dal polso.

- **Memo vocali:** registra note audio rapide, ideali durante le riunioni o durante l'allenamento.

- **Trova i miei dispositivi:** esegui il ping del tuo iPhone, individua gli AirTag e trova persino gli amici con l'app Trova persone.

Suggerimento utile:

il telecomando della fotocamera funziona anche da 30-40 piedi di distanza, a seconda dell'ambiente circostante. Ottimo per servizi fotografici all'aperto o ritratti di famiglia.

Gli

utenti del mondo reale affermano che Camera Remote e Trova il mio iPhone sono tra le "piccole" funzionalità più amate che usano quasi quotidianamente, in particolare i professionisti e i viaggiatori impegnati.

Capitolo 8

Durata della batteria e ricarica

Aspettative di durata della batteria

L'Apple Watch Series 10 apporta miglioramenti sia in termini di prestazioni che di efficienza, ma è importante sapere cosa puoi realisticamente aspettarti quando si tratta di durata della batteria.

Durata tipica della batteria:

- Fino a **18 ore** di utilizzo standard con una carica completa.

- Include attività come notifiche, utilizzo di app, allenamenti GPS, riproduzione musicale e chiamate occasionali.

Con la modalità Risparmio energetico:

- È possibile estendere l'utilizzo fino a **36 ore** limitando l'attività in background e gli aggiornamenti dello schermo.

Suggerimento nel mondo reale: la durata della batteria può variare in base all'utilizzo: allenamenti intensi, tracciamento GPS esteso, uso del cellulare senza iPhone nelle vicinanze o utilizzo intenso di app (come lo streaming di contenuti multimediali) scaricheranno la batteria più velocemente.

Fatto dalla ricerca:

Gli utenti della Serie 10 hanno notato che, anche con più funzionalità raccolte, la durata complessiva della batteria è leggermente migliore rispetto alla Serie 9 durante l'uso quotidiano moderato, soprattutto con un aggiornamento dello sfondo delle app più intelligente.

Suggerimenti per prolungare la durata della batteria

Se vuoi prolungare ulteriormente la durata della batteria, soprattutto durante le lunghe giornate, i viaggi o gli allenamenti, questi suggerimenti ti aiutano:

Ottimizza le impostazioni dello schermo:

- Luminosità dello schermo inferiore:

  ○ Impostazioni → Display e luminosità → regolare la luminosità.

- Riduci l'utilizzo del display sempre attivo:

- Impostazioni → Display e luminosità → Sempre attivo → Disattiva (se non ti dispiace sollevare il polso).

Controllare l'attività in background:

- Limita l'aggiornamento dell'app in background:

  - Guarda l'app su iPhone → Generale → Aggiornamento app in background → Disattiva per le app non essenziali.

Gestisci le notifiche:

- Disattiva le notifiche non critiche che riattivano frequentemente lo schermo (Impostazioni → Notifiche).

Disabilita le funzioni inutilizzate:

- Disattiva il Wi-Fi o la rete cellulare quando non sono necessari (Centro di Controllo).

- Disabilita la riattivazione del sollevamento del polso se non necessaria (Impostazioni → Generale → Schermata di riattivazione).

Risparmio energetico dell'allenamento:

- Nelle sessioni di allenamento più lunghe, prendi in considerazione l'abilitazione della modalità Risparmio energetico per ridurre il campionamento della frequenza cardiaca e l'utilizzo del GPS quando non è critico.

Suggerimento utile:

L'aggiunta di una scorciatoia per la modalità

Risparmio energetico al Centro di controllo rende rapido il passaggio da una all'altra quando ne hai bisogno.

Utilizzo della modalità Risparmio energetico

La modalità Risparmio energetico è uno strumento brillante per ottenere il massimo dall'orologio quando la durata della batteria diventa una priorità.

A cosa serve la modalità a basso consumo:

- Riduce la luminosità del display e la frequenza di aggiornamento

- Mette in pausa l'aggiornamento dell'app in background

- Limita le misurazioni della frequenza cardiaca (solo letture occasionali durante gli allenamenti)

- Disattiva il display sempre attivo

Come abilitarlo:

- Apri **Centro di Controllo** (scorri verso l'alto).

- Tocca la percentuale della batteria.

- Attiva la **modalità Risparmio energetico** .

È inoltre possibile programmare automaticamente la modalità Risparmio energetico:

- Le impostazioni → → della batteria → Modalità risparmio energetico Abilita durante gli allenamenti o a livelli specifici della batteria.

Esempio del mondo reale:

molti utenti attivano la modalità Risparmio energetico quando partecipano a eventi lunghi (matrimoni, conferenze) in cui la ricarica non è conveniente, rimandando facilmente un'intera giornata di utilizzo senza preoccupazioni.

Suggerimento utile: la modalità Risparmio energetico consente ancora chiamate, messaggi e monitoraggio dell'attività fisica di base: perderai temporaneamente parte della sincronizzazione in background.

Nozioni di base sulla ricarica rapida

La ricarica rapida è un punto di forza dell'Apple Watch Series 10, soprattutto quando si è di fretta.

Di cosa hai bisogno:

- Il cavo di ricarica rapida magnetico USB-C Apple incluso.

- Un **adattatore di alimentazione USB-C da 20 W o superiore** (venduto separatamente se non incluso).

Prestazioni di ricarica rapida:

- **Dallo 0% all'80% di carica in circa 30 minuti.**

- La carica completa al 100% richiede solitamente circa 60-75 minuti.

Suggerimenti utili per la ricarica rapida:

- Posiziona l'orologio perfettamente piatto sul caricabatterie: il disallineamento può rallentare la ricarica.

- Se possibile, evitare la ricarica in ambienti estremamente caldi (il calore può rallentare o mettere in pausa la ricarica rapida in modo protettivo).

- Per una spinta più rapida, usa il caricabatterie rapido Apple originale o certificato MFi anziché cavi di terze parti.

Fatto dalla ricerca:

gli utenti reali apprezzano il fatto che una breve carica durante la doccia o la preparazione al mattino spesso fornisca una batteria sufficiente per un'intera giornata, rendendo l'ansia quotidiana da batteria un ricordo del passato.

Capitolo 9

Suggerimenti e trucchi avanzati

Utilizzo della modalità Teatro, della modalità silenziosa e del blocco in acqua

Apple Watch Series 10 offre modalità di accesso rapido intelligenti per aiutarti a gestire diversi ambienti, che tu sia al cinema, partecipi a una riunione o ti tuffi in piscina.

Modalità teatro:

- **Scopo:** impedisce al display di riattivarsi quando si alza il polso e silenzia le notifiche.

- **Quando usare:** cinema, concerti, servizi religiosi, riunioni, ovunque non si desideri che l'orologio si illumini.

- **Come abilitare:**

  o Scorri verso l'alto dal quadrante per aprire Centro di **Controllo**.

  o Tocca l' icona **Maschere del teatro** (due facce).

- **Suggerimento utile:**
  Anche in modalità teatro, sentirai comunque tocchi tattili silenziosi per le notifiche: non sarai disturbato dall'illuminazione o dai suoni dello schermo.

Modalità silenziosa:

- **Scopo:** silenzia tutti gli avvisi acustici e i suoni del sistema.

- **Quando usarlo:** Riunioni, ambienti silenziosi, aule.

- **Come abilitare:**

  - Scorri verso l'alto per **Centro di Controllo**.

  - Tocca l'icona a forma di **campana** .

- **Suggerimento utile:**
  la modalità silenziosa silenzia solo i suoni, non disattiva il feedback tattile. Sentirai comunque le vibrazioni per le chiamate e le notifiche.

Blocco dell'acqua:

- **Scopo:** Blocca lo schermo per evitare tocchi accidentali quando esposto all'acqua e aiuta a espellere l'acqua dall'altoparlante in seguito.

- **Quando si usa:** nuoto, doccia, corse sotto la pioggia.

- **Come abilitare:**

    ○ Apri **Centro di Controllo.**

    ○ Tocca l' icona **Goccia d'acqua.**

- Dopo aver nuotato o esposto all'acqua, **ruota la Digital Crown per** sbloccare lo schermo ed espellere l'acqua intrappolata nell'altoparlante.

Fatto dalla ricerca:

Gli utenti del mondo reale hanno elogiato l'utilità di Water Lock durante il nuoto e persino gli allenamenti sudati: previene tocchi accidentali e protegge l'altoparlante.

Gestione dell'aggiornamento dell'app in background

L'aggiornamento delle app in background può consumare leggermente la batteria e i dati se non gestito correttamente, soprattutto per le app che usi raramente.

Cosa fa l'aggiornamento dell'app in background:

- Consente alle app di aggiornare il contenuto in background in modo che siano pronte quando vengono aperte.

Come gestirlo:

- Apri l' **app Watch** sul tuo iPhone.

- Vai a **Generale** → **Aggiornamento app in background.**

- Disattiva l'aggiornamento in background per le app che non necessitano di aggiornamenti costanti (come app per lo shopping, giochi o feed di notizie).

Suggerimento utile:

tienilo acceso per le app critiche (come Meteo, Calendario, Messaggi) ma disattivato per le app meno essenziali per massimizzare la durata della batteria e ridurre l'utilizzo di dati non necessari.

Fatto dalla ricerca:

gli utenti esperti della serie 10 che gestiscono attivamente l'aggiornamento in background riportano prestazioni giornaliere della batteria notevolmente migliori senza perdere funzionalità importanti.

Utilizzare le modalità di messa a fuoco su Apple Watch

Le modalità Focus ti consentono di filtrare le notifiche e personalizzare gli avvisi che arrivano durante le diverse attività, direttamente dal polso.

Modalità di messa a fuoco disponibili:

- **Non disturbare:** silenzia quasi tutto tranne gli allarmi.

- **Focus lavoro:** consente solo le notifiche relative al lavoro.

- **Sleep Focus:** disattiva tutti gli avvisi non critici durante il sonno.

- **Fitness Focus:** silenzia le notifiche non essenziali durante gli allenamenti.

Come attivare le modalità di messa a fuoco:

- Scorri verso l'alto per **Centro di Controllo.**

- Tocca l' icona **Luna crescente** o **Messa a fuoco.**

- Scegli la modalità di messa a fuoco che desideri o creane una personalizzata tramite le impostazioni di messa a fuoco del tuo iPhone.

Attivazione intelligente:

- Le modalità di messa a fuoco possono essere automatizzate in base all'ora, alla posizione o all'utilizzo dell'app.

- Esempio: attiva automaticamente Work Focus quando arrivi in ufficio.

Suggerimento utile:

Sincronizza le impostazioni di Full immersion su tutti i tuoi dispositivi Apple (iPhone, Mac, iPad) per un'esperienza fluida e senza distrazioni ovunque.

Dato dalla ricerca:

i proprietari della serie 10 che utilizzano costantemente le modalità Focus segnalano una maggiore produttività e meno distrazioni, soprattutto durante gli allenamenti, le riunioni o i tempi di inattività personali.

Monitoraggio dei farmaci e dei dati sanitari

La serie 10 non riguarda solo il fitness, ma ti aiuta anche a rimanere al passo con le tue routine di salute, inclusi farmaci e segni vitali.

Impostazione del monitoraggio dei farmaci:

- Apri l' app **Salute** sul tuo iPhone.

- Tocca **Sfoglia** → **farmaci** → **Aggiungi farmaco**.

- Inserisci dosaggio, frequenza e avvisi opzionali.

Come funziona sul tuo orologio:

- Riceverai promemoria discreti quando è il momento di assumere i farmaci.

- Contrassegna i farmaci come assunti direttamente da una notifica sull'orologio.

Altri dati sanitari da monitorare:

- Andamento della frequenza cardiaca

- Livelli di ossigeno nel sangue

- Metriche del sonno

- Frequenza respiratoria durante il sonno

- Cronologia delle attività e della forma fisica

Suggerimento utile:

puoi registrare manualmente i farmaci se perdi un promemoria, assicurandoti che le tue cartelle cliniche rimangano accurate.

Fatto dalla ricerca:

gli utenti che utilizzano il monitoraggio dei farmaci su Series 10 lo trovano incredibilmente utile per rimanere coerenti, in particolare quelli che gestiscono più prescrizioni giornaliere.

Capitolo 10

Risoluzione dei problemi comuni

Se l'orologio non si accoppia o non si connette

A volte, l'Apple Watch Series 10 potrebbe rifiutarsi di accoppiarsi con l'iPhone o perdere improvvisamente la connessione. Niente panico; La maggior parte dei problemi ha soluzioni semplici.

Primi passi da provare:

- **Controlla Bluetooth e Wi-Fi:**

    - Assicurati che il Bluetooth sia attivato sul tuo iPhone (Impostazioni → Bluetooth).

- o Assicurati che entrambi i dispositivi siano connessi a una rete Wi-Fi o cellulare potente.

- **Avvicina i dispositivi:**

  - o Tieni l'iPhone e l'orologio a una distanza di pochi centimetri durante l'associazione o la riconnessione.

- **Riavvia entrambi i dispositivi:**

  - o Riavvia l'iPhone e l'orologio. Spesso questo elimina i problemi temporanei.

Se ancora non si esegue l'associazione:

- Apri l' **app Watch** su iPhone → tocca **Avvia associazione**.

- Se l'orologio mostra la schermata di associazione errata, tocca la piccola icona "i" e connettiti manualmente.

Suggerimento utile:

Assicurati che il tuo iPhone sia aggiornato all'ultima versione di iOS. Un software obsoleto può bloccare l'associazione dell'orologio.

Fatto dalla ricerca:

gli utenti reali hanno scoperto che il riavvio di entrambi i dispositivi risolve i problemi di associazione in oltre il 70% dei casi, prima di richiedere passaggi più drastici.

Risoluzione dei problemi di esaurimento della batteria

La batteria si sta esaurendo più velocemente del previsto? Alcune piccole regolazioni di solito possono ripristinare le normali prestazioni della batteria.

Cause comuni di drenaggio rapido:

- Aggiornamento app in background lasciato attivo per molte app

- Luminosità del display sempre attivo troppo alta

- Troppe notifiche attive

- Utilizzo cellulare o GPS senza connessione Wi-Fi

- I nuovi aggiornamenti continuano a "stabilizzarsi" dopo l'installazione

Come risolverlo:

- **Software di aggiornamento:** Apple rilascia spesso aggiornamenti di

WatchOS con miglioramenti della batteria.

- **Controlla l'utilizzo della batteria:** Impostazioni → Batteria → Controlla quali app consumano più energia.

- **Ottimizza le impostazioni:**

  - Minore luminosità dello schermo.

  - Disattiva l'aggiornamento in background per le app non essenziali.

  - Riduci il feedback tattile se non necessario.

  - Utilizzare la modalità Risparmio energetico durante le lunghe giornate o gli allenamenti.

Suggerimento utile:

dopo un aggiornamento importante o il ripristino da backup, la durata della batteria potrebbe sembrare temporaneamente peggiore: di solito si stabilizza entro 24-48 ore.

Quando le notifiche smettono di arrivare

Se l'orologio smette improvvisamente di ronzare o di mostrare notifiche, di solito può essere risolto rapidamente.

Passaggi per la risoluzione dei problemi:

- Assicurati che l'orologio sia sbloccato e al polso: se l'orologio è bloccato o non è posizionato correttamente al polso, potrebbe bloccare le notifiche.

- **Controlla la connessione all'iPhone:** assicurati che l'orologio sia ancora connesso (icona del telefono verde sul quadrante).

- **Controlla le impostazioni di notifica:**

  - Apri l'app Watch su iPhone → Notifiche.

  - Assicurati che le app desiderate siano autorizzate a inviare notifiche.

- **Disabilita le modalità Non disturbare o Messa a fuoco:** a volte le modalità di messa a fuoco (Lavoro, Sonno) possono silenziare gli avvisi se lasciate accese accidentalmente.

Suggerimento utile:

Riavvia sia l'orologio che l'iPhone se le impostazioni sembrano corrette ma le notifiche continuano a non essere visualizzate.

Fatto dalla ricerca:

Molti utenti scoprono che l'attivazione e l'attivazione del Bluetooth sull'iPhone aggiorna la connessione dell'orologio e ripristina le notifiche mancanti.

Problemi di qualità dell'audio e delle chiamate

Se le chiamate hanno un suono distorto, silenzioso o robotico sull'orologio, ci sono diverse soluzioni da provare.

Cause comuni:

- Griglia dell'altoparlante sporca o ostruita

- Interferenza Bluetooth

- Potenza del segnale Wi-Fi o cellulare scarsa

Come migliorare la qualità delle chiamate:

- **Pulisci l'orologio:**
  pulisci delicatamente l'area dell'altoparlante con un panno morbido e asciutto. La funzione Water Lock aiuta a espellere l'umidità se l'orologio è stato esposto all'acqua.

- **Passa a un'area del segnale migliore:**
  un
  segnale Wi-Fi o cellulare più forte migliora notevolmente la chiarezza delle chiamate.

- Riavvia l'orologio:

  I problemi temporanei vengono spesso eliminati riavviando il dispositivo.

Suggerimento utile:

Se stai utilizzando AirPods con l'orologio e riscontri un audio lento, disaccoppiarli e ripararli spesso risolve il problema.

Fatto dalla ricerca:

gli utenti segnalano che i microfoni della Serie 10 hanno notevolmente migliorato la ricezione della voce rispetto alla Serie 8 o alla Serie 9, soprattutto all'aperto, ma la qualità della rete gioca ancora un ruolo importante.

Ripristino dell'Apple Watch

A volte, un ripristino completo è la soluzione più veloce, soprattutto se tutto il resto fallisce.

Due tipi di ripristino:

Tipo di ripristino	Quando usarlo	Come eseguire
Riavviare	Problemi minori (mancata associazione, risposta lenta dell'app)	Tenere premuto il pulsante laterale → scorrere per spegnere → riaccendere
Cancella e ripristina	Problemi persistenti, vendita di	Impostazioni → Generale → Ripristina →

Tipo di ripristino	Quando usarlo	Come eseguire
	Watch, pulizia completa del software	Cancella tutto il contenuto e le impostazioni

Note importanti prima della cancellazione:

- Esegui prima il backup dei dati dell'orologio (automatico con iPhone se associato).

- L'annullamento dell'abbinamento dell'orologio dall'iPhone attiva automaticamente un nuovo backup.

Suggerimento utile:

Il ripristino e il ripristino da un backup pulito

risolve molti problemi di "comportamento strano" e

ripristina le prestazioni ottimali.

Capitolo 11

Consigli per l'acquisto e aggiornamenti

Dovresti passare alla serie 10?

La decisione di effettuare l'aggiornamento dipende da ciò che possiedi attualmente e da ciò che ti aspetti dal tuo Apple Watch.

L'aggiornamento è altamente raccomandato se si dispone di:

- Serie 7 o precedenti:Noterai una grande differenza in termini di velocità (grazie al chip S10), dimensioni del display, gestione della batteria e nuove funzionalità come il rilevamento dell'apnea notturna e il gesto del doppio tocco.

- Un SE di prima generazione o Serie 3-5: i miglioramenti nel monitoraggio della salute, nelle funzioni di emergenza e nelle prestazioni rendono la Serie 10 un importante balzo in avanti.

L'aggiornamento potrebbe essere facoltativo se si dispone di:

- Serie 8 o Serie 9: Il salto è più evolutivo. Otterrai comunque un display più grande, una struttura più sottile e leggera, un chip più potente e la comodità del doppio tocco, ma se il tuo orologio attuale funziona perfettamente, potresti aspettare un'altra generazione a meno che tu non voglia gli ultimi aggiornamenti del monitoraggio della salute ora.

Suggerimento utile:

se per te sono importanti approfondimenti sulla salute come il monitoraggio avanzato dell'apnea notturna o il monitoraggio del carico di allenamento, l'aggiornamento alla Serie 10 fa una chiara differenza.

Confronto tra la Serie 10 e la Serie 9 e Ultra 2

La scelta tra la Serie 10, la Serie 9 e il più robusto Ultra 2 dipende dalle tue esigenze di vita.

Caratteristica	Serie 9	Serie 10	Ultra 2
Schermo	Luminoso, più piccolo	Il più grande, da bordo a bordo	Il più grande, il più luminoso
Corpo	Leggermente più spesso	Più sottile, più leggero	Ingombrante, robusto
Durata della batteria	Fino a 18 ore	Fino a 18-36 ore	

| Fino a 36-72 ore | | Nuove funzionalità | Double Tap, monitoraggio fitness di base | Doppio tocco + Rilevamento apnea notturna + Carico di allenamento | Stesse caratteristiche, oltre a funzioni outdoor per immersioni profonde (profondimetro, computer subacqueo)

Sommario:

- **Scegli la Serie 10** se desideri funzionalità all'avanguardia in un elegante indossabile per tutti i giorni.

- **Scegli Ultra 2** se hai bisogno di una durata estrema, di una maggiore durata della batteria e di funzionalità di avventura specializzate (immersioni, escursioni, ecc.).

Fatto dalla ricerca:

la maggior parte degli utenti occasionali e degli appassionati di fitness trova che la Serie 10 sia la miscela perfetta di tecnologia e praticità, senza l'ingombro extra dei modelli Ultra.

Scegliere la dimensione e il materiale giusti

La serie 10 è disponibile in due dimensioni:

- **Opzioni di cassa da** 42 mm **e** 46 mm.

Quale taglia scegliere:

- **42 mm**: ideale per polsi più piccoli, una sensazione più leggera e discreta.

- **46 mm**: migliore per polsi più grandi, persone che desiderano la massima visibilità sullo schermo o preferiscono una presenza dell'orologio più audace.

Opzioni del materiale:

- Alluminio:

  - Leggero, conveniente, perfetto per gli utenti occasionali.

  - È disponibile in colori come Silver, Starlight, Midnight, Pink e Product (RED).

- Titanio:

  - Più durevole, resistente ai graffi e ha una finitura premium.

  - Disponibile in titanio naturale, nero e oro.

Suggerimento utile:

se prevedi di essere molto attivo all'aperto o preferisci un look leggermente più lussuoso, vale la pena considerare il titanio per la sua durata senza peso eccessivo.

Fatto dalla ricerca: i

modelli Titanium Series 10 si sentono notevolmente più leggeri e resistenti dei vecchi modelli in acciaio inossidabile, che molti utenti apprezzano per l'uso quotidiano.

Informazioni su AppleCare+ per l'orologio

AppleCare+ offre ulteriore tranquillità per il tuo investimento.

Cosa copre AppleCare+:

- Copertura hardware estesa (fino a 2 anni o più)

- Due incidenti di copertura casco all'anno (soggetti a costi di servizio)

- Assistenza batteria se lo stato della batteria scende al di sotto dell'80%

- Accesso prioritario 24 ore su 24, 7 giorni su 7 agli esperti Apple

Costo di AppleCare+:

- Varia a seconda del modello e del materiale dell'orologio.

- Di solito viene fatturato annualmente o come pagamento anticipato una tantum.

Ne vale la pena?

- **Altamente raccomandato** se sei molto attivo (corsa, sport, avventure all'aria aperta) o semplicemente vuoi evitare costi di riparazione elevati per incidenti come schermi rotti.

- **Forse Salta** se sei un utente molto attento o prevedi di aggiornare frequentemente (ogni anno).

Suggerimento utile:

anche se non acquisti AppleCare+ immediatamente, in genere hai **fino a 60 giorni** dopo l'acquisto dell'orologio per aggiungerlo (alcune regioni consentono finestre più lunghe).

Fatto dalla ricerca:

Molti utenti di Watch del mondo reale che hanno schermi rotti o hanno subito danni accidentali causati dall'acqua consigliano vivamente di avere AppleCare+, soprattutto considerando i costi di riparazione più elevati della Serie 10 rispetto ai modelli precedenti.

Capitolo 12

Manutenzione e protezione dell'Apple Watch

Pulizia e cura dell'orologio

Una pulizia regolare non solo mantiene il tuo Apple Watch al meglio, ma garantisce anche che funzioni correttamente, soprattutto per i sensori come il monitoraggio della frequenza cardiaca e dell'ossigeno nel sangue.

Come pulire l'orologio:

- **Spegni l'orologio** e rimuovilo dal caricabatterie.

- Utilizzare **un panno morbido e privo di lanugine** (come un panno in microfibra) per pulire l'orologio.

- Per sporcizia o sudore più pesanti:

  o Inumidire leggermente il panno con acqua dolce.

  o Pulisci delicatamente la cassa, i sensori e il cinturino.

  o Evitare l'uso di saponi, prodotti per la pulizia o materiali abrasivi.

Particolare attenzione per le fasce:

- Cinturini in silicone e sportivi:

  o Sciacquare sotto l'acqua dolce e asciugare con un panno morbido.

- Cinturini in pelle:

  o Pulire solo con un panno asciutto. Evita l'acqua: non sono resistenti all'acqua.

- Gruppi metal:

o Pulire con un panno morbido e leggermente umido, quindi asciugare immediatamente.

Suggerimento utile:

pulisci periodicamente il retro dell'orologio (dove si trovano i sensori) per mantenere accurate la frequenza cardiaca, l'ossigeno nel sangue e altre letture della salute.

Dato dalla ricerca:

gli utenti che puliscono l'orologio settimanalmente, soprattutto dopo gli allenamenti, segnalano una migliore precisione del sensore a lungo termine e mantengono l'aspetto "come nuovo" più a lungo.

Best practice per la resistenza all'acqua

Apple Watch Series 10 è progettato per gestire l'acqua, ma è importante rispettarne i limiti per mantenere la sua resistenza all'acqua nel tempo.

Cosa può gestire:

- Grado di impermeabilità: **fino a 50 metri** secondo lo standard ISO 22810:2010.

- Sicuro per:

  - Nuoto in piscine e acque libere poco profonde

  - Indossato sotto la pioggia

- Fare la doccia (anche se non con acqua saponata o ad alta pressione)

Cosa evitare:

- Immersioni subacquee

- Acqua ad alta velocità (moto d'acqua, sci nautico)

- Saune o bagni turchi (calore e vapore eccessivi possono danneggiare le guarnizioni)

Consigli utili per la cura dell'acqua:

- Dopo l'esposizione all'acqua salata o al cloro, sciacquare delicatamente l'orologio con acqua dolce.

- Attiva la **modalità di blocco dell'acqua** prima di nuotare per evitare tocchi accidentali.

- Dopo aver nuotato, ruota la Digital Crown per sbloccare ed espellere l'acqua dall'altoparlante.

Promemoria importante:

la resistenza all'acqua **non è permanente:** può diminuire nel tempo con la normale usura o cadute accidentali.

Fatto dalla ricerca:

gli utenti a lungo termine raccomandano di evitare l'esposizione a lozioni, oli o saponi direttamente sull'orologio per prevenire la rottura della guarnizione e l'indebolimento della resistenza all'acqua.

Accessori consigliati (cinturini, protezioni per lo schermo, caricabatterie)

L'aggiunta degli accessori giusti può prolungare la vita del tuo Apple Watch e migliorare la tua esperienza quotidiana.

Bande:

- **Cinturini sportivi:**
  ideali per gli allenamenti, traspiranti e impermeabili.

- **Cinturini in pelle:**
  ottimi per un abbigliamento casual o professionale, ma devono essere tenuti asciutti.

- **Solo Loop e Braided Solo Loop:**
  opzioni estensibili e senza fibbie per il massimo comfort.

- **Bande in metallo:**
  Elegante per eventi formali; più pesante ma resistente.

Protezioni per lo schermo:

- Altamente raccomandato per proteggersi da graffi e piccoli urti.

- Le opzioni includono:

  - **Protezioni per lo schermo in vetro temperato:** elevata chiarezza e resistenza ai graffi.

  - **Protezioni flessibili per pellicole:** protezione meno evidente e più leggera per gli utenti occasionali.

Caricabatterie:

- **Caricabatterie rapido magnetico USB-C ufficiale Apple:**

ideale per velocità di ricarica rapida ottimali.

- **Supporti di terze parti certificati:** molti offrono eleganti soluzioni da scrivania o da comodino, che ti consentono di vedere l'orologio in modalità comodino.

Suggerimento utile:
acquista sempre **accessori certificati MFi** (realizzati per iPhone/Apple Watch) per evitare danni o scarse prestazioni.

Dato dalla ricerca:
gli utenti che utilizzano protezioni per lo schermo e paraurti protettivi sui quadranti dell'orologio segnalano un numero significativamente inferiore di graffi o danni estetici nel tempo, soprattutto per gli utenti che sono attivi all'aperto o in ambienti di lavoro.

Capitolo 13

Suggerimenti finali per il mastering

Funzionalità poco conosciute da provare

Oltre alle basi, il tuo Apple Watch Series 10 nasconde diverse piccole ma potenti funzionalità che possono rendere l'uso quotidiano ancora più fluido e piacevole.

App Walkie-Talkie:

- Trasforma il tuo orologio in un comunicatore bidirezionale.

- Apri l' app **Walkie-Talkie**, invita un amico e invia istantaneamente brevi messaggi vocali con un semplice tocco.

- Ottimo per chat veloci senza digitare o chiamare.

Widget Smart Stack:

- Scorri verso l'alto sul quadrante dell'orologio (o usa la Digital Crown) per accedere a una pila smart di widget.

- Visualizza i widget pertinenti durante il giorno: appuntamenti del calendario, meteo, allenamenti, promemoria.

- Personalizzalo premendo a lungo e aggiungendo/rimuovendo widget.

Funzione Backtrack (app Bussola):

- Se stai facendo un'escursione o un'esplorazione, l'orologio può tracciare automaticamente il tuo percorso.

- Ti aiuta a tornare sui tuoi passi se ti perdi.

Tocca per pagare senza aprire le app:

- Basta fare doppio clic sul pulsante laterale, scorrere fino alla carta desiderata e pagare in modo sicuro in pochi secondi.

Feedback aptico silenzioso per gli avvisi:

- È possibile abilitare "Solo avvisi aptici" per allarmi e timer.

- Perfetto se vuoi svegliare le vibrazioni senza disturbare il tuo partner o i tuoi colleghi.

Trova i dispositivi con precisione:

- Utilizzando l'app Trova Dispositivi, puoi localizzare il tuo iPhone, gli

AirPods o anche i dispositivi di altri membri della famiglia con un tracciamento di precisione, particolarmente utile quando sei nelle vicinanze ma non sei in vista.

Suggerimento utile:

Esplora la sezione **Impostazioni →
Accessibilità**. Ci sono tesori nascosti come AssistiveTouch, VoiceOver e opzioni di testo più grandi che rendono l'uso quotidiano ancora più intuitivo per ogni tipo di utente.

Fatto dalla ricerca:

molti utenti scoprono che le piccole funzionalità, come Walkie-Talkie, Smart Stack e Trova i miei dispositivi, diventano le loro funzioni "di cui non posso fare a meno" una volta che iniziano a usarle regolarmente.

Manutenzione ordinaria per le massime prestazioni

Un po' di cura regolare assicura che il tuo Apple Watch Series 10 funzioni senza intoppi per gli anni a venire.

Aggiornamenti software:

- Installa sempre gli aggiornamenti di WatchOS quando disponibili.

- Gli aggiornamenti migliorano le prestazioni, correggono i problemi di sicurezza e talvolta introducono nuove funzionalità.

Monitoraggio dello stato della batteria:

- Controlla lo stato della batteria ogni pochi mesi: Impostazioni → → della batteria e della ricarica.

- Se la capacità massima scende al di sotto dell'80% entro la garanzia, la sostituzione della batteria è coperta da AppleCare+.

Pulizia e cura:

- Pulisci settimanalmente l'orologio con un panno in microfibra asciutto.

- Pulisci i cinturini, soprattutto dopo gli allenamenti, per evitare l'accumulo di sudore.

- Sciacquare delicatamente con acqua dolce dopo aver nuotato o esposto molto alla polvere.

Gestione dello storage:

- Scarica le app che usi raramente.

- Gestisci la musica, i podcast e le foto sincronizzati per liberare spazio e mantenere l'orologio veloce.

Backup regolare:

- Mantieni il backup del tuo iPhone su iCloud o Finder (Mac).

- I dati dell'Apple Watch vengono inclusi automaticamente nel backup dell'iPhone: questo protegge le impostazioni, i dati sanitari e altro ancora.

Suggerimento utile:

imposta un promemoria del calendario per eseguire un "Controllo dello stato dell'orologio" ogni tre mesi: controlla lo stato della batteria, libera spazio di archiviazione, pulisci l'orologio e installa gli aggiornamenti.

Fatto dalla ricerca:

gli utenti che eseguono regolarmente routine di mini-manutenzione segnalano una durata dell'orologio più lunga, meno problemi software e una durata della batteria più costante.

Appendice

Elenco delle impostazioni utili da esplorare

Anche se scoprirai naturalmente molte funzionalità nel tempo, alcune impostazioni possono migliorare istantaneamente la tua esperienza con Apple Watch Series 10 se sai dove trovarle.

Display e luminosità:

- **Display sempre attivo:** attiva o disattiva per risparmiare batteria o mantenere lo schermo attivo.

- **Dimensione del testo e testo in grassetto:** regola per facilitare la lettura.

Suoni e Haptics:

- **Feedback aptico prominente:** tocchi del polso più forti per avvisi importanti.

- **Modalità silenziosa:** silenzia gli avvisi acustici mantenendo attive le vibrazioni.

Batteria:

- **Modalità risparmio energetico:** consente di raddoppiare la durata della batteria durante le lunghe giornate.

- **Stato della batteria:** monitora la capacità massima della batteria nel tempo.

Accessibilità:

- **AssistiveTouch:** controlla l'orologio con i gesti delle mani.

- **VoiceOver:** narrazione audio per i contenuti dello schermo.

- **Zoom e testo più grande:** visualizzazione più semplice per coloro che preferiscono caratteri più grandi.

Impostazioni allenamento:

- **Pausa automatica per gli allenamenti:** mette automaticamente in pausa il monitoraggio dell'allenamento quando smetti di muoverti.

- **Modalità di risparmio energetico durante gli allenamenti:** prolunga la durata della batteria limitando il monitoraggio della frequenza cardiaca.

Impostazioni sulla privacy:

- **Condivisione dei dati sanitari:** scegli quali dati sulla salute e sul fitness condividere con le app o i membri della famiglia.

- **Servizi di localizzazione:** personalizza le app che hanno accesso al GPS dell'orologio.

Suggerimento utile:

Dedica un po' di tempo all'esplorazione dell' **app Impostazioni** direttamente sull'orologio. Personalizzare solo alcune opzioni può migliorare notevolmente il comfort e l'efficienza.

Simboli e icone comuni di Apple Watch

Comprendere le icone di Apple Watch ti aiuta a interpretare rapidamente gli avvisi e le informazioni di stato senza confusione.

Simbolo Significato

Simbolo	Significato
🔋	Avviso di batteria scarica
📶	Connesso al Wi-Fi
Ⓝ	La modalità Non disturbare/Messa a fuoco è attiva
🌙	La modalità Sleep Focus è attiva
🔕	La modalità silenziosa è abilitata
💧	Il blocco dell'acqua è attivato
⌚	Connesso all'iPhone
🔌	Ricarica in corso
⬜	Connesso alla rete cellulare
✳	Calibrazione della bussola necessaria o attiva

Simbolo Significato

SOS È in corso una chiamata SOS di emergenza

Suggerimento utile:

Scorri verso il basso dal quadrante dell'orologio per controllare il Centro notifiche e vedere eventuali icone importanti che potresti aver perso.

Importanti informazioni sulla sicurezza e sulla manipolazione

Il tuo Apple Watch è progettato per l'uso quotidiano, ma è importante trattarlo correttamente per la massima sicurezza e longevità.

Cura generale:

- Evitare di far cadere, schiacciare o esporre l'orologio a temperature estreme.

- Non tentare di aprire o riparare il tuo Apple Watch da solo: solo i tecnici certificati dovrebbero ripararlo.

- Utilizza solo accessori di ricarica certificati Apple.

Resistenza all'acqua:

- La resistenza all'acqua non è una condizione permanente e può diminuire nel tempo.

- Dopo aver nuotato o aver sudato molto, sciacquare l'orologio con acqua pulita e asciugarlo accuratamente.

- Non caricare mai l'orologio mentre è bagnato.

Dichiarazione di non responsabilità sulle funzionalità sanitarie:

- I dati sulla frequenza cardiaca, l'ossigeno nel sangue e il sonno sono destinati esclusivamente a scopi generali di fitness e benessere.

- Non sono dispositivi di livello medico e non devono essere utilizzati per la diagnosi clinica o il trattamento di emergenza.

Sicurezza della batteria e della ricarica:

- Interrompere immediatamente l'uso dell'orologio se diventa insolitamente caldo.

- Non esporre il cavo di ricarica a liquidi.

- Tenere il cavo di ricarica magnetico lontano dalla portata dei bambini molto piccoli (i piccoli magneti possono essere pericolosi se ingeriti).

Suggerimento utile:

Puoi sempre visualizzare le ultime informazioni ufficiali sulla sicurezza di Apple visitando il sito Web di Apple.